Carina und Gisela Weigand

Mein erstes Fensterbild

Einfache Motive aus Tonkarton

frechverlag

Käfer

(Abbildung Seite 1)

Motivhöhe ca. 40 cm

Befestigen Sie den Kopf von vorne auf dem Körper und fixieren Sie die Fühler von hinten am Kopf. Lassen Sie das Kind anschließend ein Auge, die Nase und den Mund mit einem schwarzen Filzstift auf den Kopf malen.
Es kann sein, dass der Käfer zwei Augen aufgemalt bekommt. Für Kinder hat ein Käfer zwei Augen, was natürlich stimmt! Dann schaut der Käfer Sie direkt an!

Zum Schluss wird der Käfer mit vielen schwarzen Punkten verziert, bevor Sie ihn von hinten auf der Wiese platzieren.
Und schon krabbelt er los!

TIPP:
Setzen Sie ihn zwischen die bunten Blumen von Seite 6 oder lassen Sie ihn die Raupe von Seite 7 besuchen.

Die Beschreibung der Motive auf der Titelseite finden Sie auf den Seiten 13 und 18, die der Motive auf der Rückseite auf den Seiten 7 und 8.

Fotos: frechverlag GmbH + Co. Druck KG, 70499 Stuttgart;
Fotostudio Ullrich & Co., Renningen

Dieses Buch enthält:
2 Vorlagenbogen

Auflage: 5. 4. 3. 2. 1. | Letzte Zahlen
Jahr: 2004 2003 2002 2001 2000 | maßgebend

frechverlag GmbH + Co. Druck KG, 70499 Stuttgart

ISBN 3-7724-2604-2 · Best.-Nr. 2604

Druck: frechverlag GmbH + Co. Druck KG, 70499 Stuttgart

Die kinderleichten Fensterbilder in diesem Buch sind einfache Motive aus Tonkarton, die aus vier oder fünf meist großflächigen Einzelteilen bestehen. Mit etwas Hilfe kommen daher auch schon Kinder ab 2 bis 3 Jahren schnell zum Erfolg. Bei den meisten Motiven sind die Formen ganz einfach auszuschneiden, bei ein paar Modellen gibt es auch schwierigere Formen, die das Kind mehr fordern.

Alle Fensterbilder sind aus Tonkarton mit den Grundfarben Blau, Rot und Gelb sowie den Farben Grün, Braun, Schwarz und Weiß gestaltet. So lernen die Kleinen gleichzeitig die Farben kennen.

Wenn das Fensterbild nicht gleich so aussieht wie hier im Buch, dann akzeptieren Sie es so wie es ist und hängen Sie die ersten Werke des kleinen Künstlers ans Fenster oder an die Wand um Ihrem Kind zu zeigen, dass Sie seine Leistungen würdigen und schätzen. Das ist sehr wichtig um Ihr Kind zu motivieren, auch wenn das Fensterbild nicht Ihren Vorstellungen entspricht. Bedenken Sie, dass es schließlich das erste Werk des Kindes ist! Dadurch baut das Kind sein Selbstwertgefühl auf nach dem Motto „Das kann ich schon alleine!“.

Schließlich gilt auch beim Basteln „Übung macht den Meister“!

Auf keinen Fall sollten Sie das Fensterbild später mit der Schere oder einem Stift nacharbeiten, denn es soll das Werk des Kindes bleiben und kein perfektes Erwachsenenbild werden!

Bewahren Sie die Werke des Kindes auf oder machen Sie Fotos davon; Sie werden staunen, wie schnell Ihr kleiner Künstler Fortschritte macht! Außerdem sind es für später schöne Erinnerungsstücke!

Viel Spaß beim gemeinsamen Basteln
wünscht

Gisela Weigand

Hallo!

Ich heiße Carina und habe bei diesem Buch fleißig mitgeholfen. Ich habe alle Fensterbilder in diesem Buch mit Filz- oder Buntstiften angemalt. Auf den Vorlagenbogen hat meine Mama die Motive angemalt. Welche gefallen dir besser?

Den Fisch auf der Seite 23 hat meine Mama nach meiner Anleitung entworfen und ich habe ihn ausgeschnitten, zusammengeklebt und bemalt. Auch die Teile für den Hubschrauber auf Seite 5 habe ich ganz alleine geschnitten. Das kannst du auch!

Wer wissen möchte, wie alt ich bin, der muss einfach alle Punkte auf dem Flügel des Käfers auf dem Vorlagenbogen zusammenzählen!

CARINA

Material & Werkzeug

- *Tonkarton in Rot, Gelb, Hellgrün, Dunkelgrün, Dunkelblau, Schwarz und Braun*
- *Beliebiger Karton für Schablonen*
- *Schere mit abgerundeter Spitze*
- *Cutter mit Schneideunterlage*
- *Bleistift*
- *Butterbrot- oder Transparentpapier*
- *Klebstoff, z. B. UHU Alleskleber*
- *Weißer Buntstift*
- *Schwarzer und roter Filzstift*
- *Nähnadel und Faden zum Aufhängen*
- *Klebefilm*
- *Bastelunterlage (z. B. altes Tischset)*

Basteltipps & -tricks

• Legen Sie alle Materialien und Werkzeuge vor Bastelbeginn bereit. So haben Sie beim Basteln viel Zeit um Ihrem Kind die nötige Hilfestellung zu geben und das Kind ist beim Basteln nicht unbeaufsichtigt.

• Üben Sie mit Ihrem Kind schon früh den richtigen Umgang mit einer gut schneidenden Schere, die wegen der Verletzungsgefahr vorne abgerundet sein sollte. Bis das Kind mit der Schere vertraut ist, braucht es natürlich viel Zeit und Geduld. Aber spätestens im Kindergarten fällt Ihrem Kind dann das Ausschneiden leichter!

• Für das Zusammenkleben der einzelnen Fensterbilderteile verwende ich Klebstoff mit Lösungsmittel, da andere Klebstoffe lange Zeit zum Trocknen benötigen. Dadurch verrutschen bei der Arbeit mit den Kleinen die Teile und es entstehen unschöne Klebeflecken oder das Material wellt sich. Und schon verlieren die kleinen Bastler und Sie den Spaß am Basteln.

Kleister und umweltfreundliche Klebstoffe haben den Vorteil, dass sie leichter aus der Kleidung des Kindes und von der Arbeitsfläche zu entfernen sind. Probieren Sie selbst aus, welche Klebstofftypen Ihnen am geeignetsten erscheinen!

• Vergessen Sie nicht zusammen mit dem Kind den Arbeitsplatz wieder aufzuräumen, damit es lernt, dass dies auch zum Basteln gehört. Am Anfang reicht es aus, wenn das Kind seine Schnipsel in den Papierkorb wirft.

• Alle Motive können Sie auch mit bestimmten Fenstermalstiften z. B. von Hobbidee® direkt an die Fensterscheibe malen. Die Vorlagen sind auch für Fensterbilder aus Moosgummi geeignet, da dieses Material im Gegensatz zu Tonkarton flexibel ist und nicht starr in der Hand liegt. Mit Moosgummi sollten jedoch nur ältere Kinder arbeiten.

Gestaltung der Vorder- und Rückseite

In den Anleitungen der Fensterbilder ist jeweils die Gestaltung der Vorderseite beschrieben. Wenn Sie die Fensterbilder beidseitig gleich gestalten möchten, müssen Sie dazu für die Rückseite die entsprechenden Teile zusätzlich ausschneiden und diese wie in der Beschreibung, jedoch spiegelbildlich, aufkleben.

Aufhängen der Motive

Den genauen Punkt für die Aufhängung balanciert man zwischen Daumen und Zeigefinger aus. Hat man diesen gefunden, sticht man mit einer Nähnadel wenige Millimeter vom Rand entfernt ein Loch in den Tonkarton und zieht einen Faden hindurch. Natürlich können Sie die Fensterbilder auch mit ein- oder doppelseitigen Klebestreifen an der Fensterscheibe oder anderen Flächen befestigen.

Und so wird's gemacht

1. Pausen Sie alle Teile des Motivs mit einem Bleistift auf Butterbrot- oder Transparentpapier vom Vorlagenbogen ab, ohne dass sich Teile überschneiden.

2. Nun wird das Transparentpapier auf einen beliebigen Karton, z.B. auf Tonkarton-Reststücke, geklebt. Schneiden Sie die Teile mit einer scharfen Bastelschere oder einem Bastelmesser unter Verwendung eines Schneidelineals und einer festen Schneideunterlage so genau aus, dass die Bleistiftstriche nicht mehr zu sehen sind.

3. Diese Schablonen legen Sie nun auf den gewünschten Tonkarton und umfahren deren Umrisse mit einem Bleistift. Schneiden Sie die Teile grob aus, damit die Kinder die Teile leichter in der Hand halten können.

4. Helfen Sie den Kleinen beim Ausschneiden evtl. bei der Führung der Schere sowie dem Festhalten der Kartonteile. Die einzelnen Teile werden wie in der jeweiligen Anleitung beschrieben zu dem gewünschten Motiv zusammengefügt.
Wenn Ihr Kind zum ersten Mal mit Klebstoff umgeht, helfen Sie auch beim Fixieren der Teile, damit es ein Gefühl für die Klebstoffmenge bekommt. Ansonsten quillt der Kleber an den Kanten heraus und es entstehen unschöne Flecken.

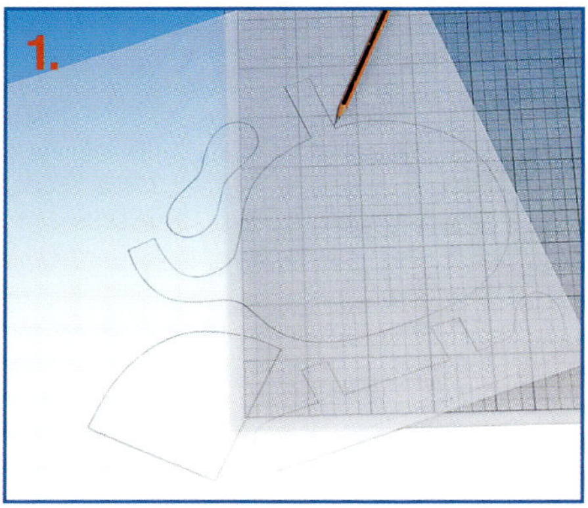

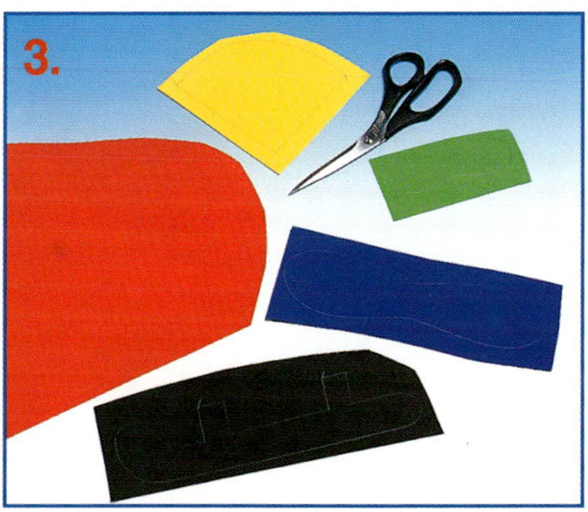

Blumen

Kleben Sie die entsprechende Blüte auf den Blumenstiel und schon blühen diese pflegeleichten Blumen, die kein Wasser brauchen.

TIPP:

Aus vielen gebastelten Blumen entsteht am Fenster eine wunderschöne Blumenwiese. Vielleicht lassen Sie auch den Schmetterling von Seite 8 darüber fliegen?

Motivhöhe Tulpe ca. 33 cm

Raupe

Kleben Sie zuerst die Fühler von hinten an den Kopf und fixieren Sie anschließend den Kopf auf dem Körper. Die Raupe wird mit Klebstoff auf der Wiese befestigt.
Mithilfe eines schwarzen Filzstiftes kann das Kind der Raupe frei ein Gesicht malen. Geben Sie nur Anregungen wie das Gesicht gemalt werden kann (siehe Vorlagenbogen).

Und schon startet die Raupe zu den schönsten Ausflügen durch die grüne Wiese!

TIPP:
Die Raupe möchte gemeinsam mit dem Käfer (Seite 1) und dem Schmetterling (Seite 8) Ihr Fenster erkunden.

Motivhöhe ca. 18 cm

Schmetterling

Die Fühler werden von hinten am Kopf befestigt und danach wird die obere Flügelhälfte von hinten am Körper fixiert, bevor Sie die untere Flügelhälfte ebenfalls von hinten ankleben.

Lassen Sie das Kind das Gesicht mit einem weißen Buntstift aufmalen, damit der Schmetterling auch sehen kann, wohin er fliegt!

Motivhöhe ca. 30 cm

Eistüte

Alle Eiskugeln werden nacheinander von hinten an die Tüte geklebt und schon ist das Eis fertig. Aber Vorsicht ist geboten, denn dieses Eis ist nicht zum Verzehr geeignet!

Motivhöhe ca. 35,5 cm

Stifte

Alle Stiftspitzen werden mit einem schwarzen Filzstift so angemalt, dass die farbigen Minen noch zu erkennen sind.

Danach fixieren Sie alle Stifte mit Klebstoff von hinten am Becher.

Burg

Befestigen Sie an jedem ausgeschnittenen Bauklotz einen Klebefilmstreifen und lassen Sie die Burg von Ihrem kleinen Künstler direkt am Fenster erbauen!

TIPP:
Sie können die Burg auch mit Klebstoff fixieren, indem Sie die einzelnen Bauklötze ca. 1 cm überlappend übereinander kleben.

Motivhöhe ca. 46 cm

Schirm

Zuerst werden die beiden gelben Stoffbahnen auf den Schirm geklebt, bevor der Schirmstock von hinten angebracht wird. Zum Schluss wird die Schirmspitze so von vorne aufgeklebt, dass die Spitzen der Stoffbahnen verdeckt werden.

TIPP:

Der Schirm sieht am Fenster noch schöner aus, wenn man um ihn herum viele Regentropfen (Vorlage von Seite 13) verteilt. Oder Sie lassen oben am Fenster die Sonne hinter der Wolke hervorstrahlen!

Motivhöhe ca. 33 cm

SONNE mit WOLKE

Zuerst wird der Sonne mit einem schwarzen und einem roten Filzstift ein Gesicht gemalt, damit sie hinter der Wolke hervorstrahlen kann.
Dann fixieren Sie die Wolke von vorne auf der Sonne und platzieren die Regentropfen unter der Wolke am Fenster.

TIPP:
Wenn Ihnen Ihr Fenster mit diesem Motiv zu leer erscheint, zaubern Sie noch einige Wolken und mehr Regentropfen hinzu!

Motivhöhe ca. 34,5 cm

apfelbaum

Motivhöhe ca. 42,5 cm

Die Baumkrone wird zuerst von vorne auf dem Baumstamm fixiert. Anschließend werden die drei Äpfel mithilfe von Klebstoff an den Baum gehängt. Natürlich dürfen auch mehr als drei Äpfel am Baum hängen!

Haus

Bevor das Haus zusammengeklebt wird, kann Ihr Kind das Dach mit Dachziegeln bemalen. Dann wird das Dach auf dem Haus befestigt. Fixieren Sie die Tür und das Fenster auf der Vorderseite des Hauses.

Zum Schluss kann das Kind die Gardine ins Fenster malen und die Tür mit einer Klinke und einem Schlüsselloch versehen.

Motivhöhe ca. 41,5 cm

Basteln Sie mit Ihrem Kind an jedem Tag ein Fensterbild und schon entsteht nach einiger Zeit eine ganze Landschaft am Fenster, die z. B. so wie auf diesen beiden Seiten aussehen kann.

Ihrem Kind macht es auch Spaß zusammen mit seinen Freundinnen und Freunden zu basteln. Jeder stellt ein Bild her und gemeinsam wird dann die Landschaft am Fenster befestigt.
Die Beschreibungen der einzelnen Motive finden Sie auf den Seiten 13 bis 15 und 18 bis 20.

Hubschrauber

Motivhöhe ca. 31,5 cm

Bringen Sie das Fenster und die beiden Rotoren von vorne auf dem Hubschrauber an. Die Kufen werden von hinten mit Klebstoff fixiert, damit der Hubschrauber wieder sicher landen kann!

TIPP:

Der Hubschrauber kann überall am Fenster platziert werden: unten zum Starten oder Landen oder mitten auf dem Fenster während des Fluges.
Er lässt sich mit Wolken, Sonne (Seite 13) und Luftballons vervollständigen.

Luftballons

Motivhöhe ca. 34 cm

Die Schnur wird von vorne auf dem Luftballon fixiert, damit die Luft nicht entweichen kann.

TIPP:

Die Luftballons können Sie auch etwas versetzt aufeinander kleben, damit sie zusammen fliegen.

Besonders schön sehen viele kunterbunte Luftballons am Fenster aus. Lassen Sie dem Kind bei der Auswahl der Farben freie Wahl!

auto

Zuerst werden die beiden Fenster von vorne auf dem Auto fixiert. Sowie Sie beide Räder befestigt haben, kann das Auto am Fenster an den Start gehen! Und schon heißt es „Vollgas“!

Motivhöhe ca. 20,5 cm

Lokomotive

Motivhöhe ca. 31 cm

Damit der Lokomotivführer sehen kann, wohin er fährt, wird zuerst das Fenster aufgeklebt. Fixieren Sie die Räder und wenn Sie die Rauchwolke von hinten an der Lok befestigen, dampft sie mit Volldampf an ihr Ziel!

Segelboot

Motivhöhe ca. 41 cm

Zuerst werden die beiden Segel am Mast befestigt, der anschließend von hinten an den Bootsrumpf geklebt wird. Zuletzt fixieren Sie das Boot von hinten an der Wasserfläche.

Fisch

Wer Lust hat zu malen, kann den Fischkörper mit vielen Schuppen verschönern!

Danach kleben Sie das gelbe Schuppenteil auf den blauen Fischkörper. Die Flossen werden unten und oben von hinten fixiert, damit der Fisch schwimmen kann.
Zum Schluss wird mit einem schwarzen Filzstift die Pupille ins weiße aufgeklebte Auge gemalt.

Motivhöhe ca. 29,5 cm

Sonnenblume

Kleben Sie die Blüte aus den beiden Teilen zusammen, bevor sie auf dem Blumenstiel befestigt wird. Zum Schluss werden die beiden Blätter mit Klebstoff fixiert.

Motivhöhe ca. 52,5 cm

Maus

Die Maus erhält ihre Nase, das Auge und das Ohr von vorne, den Schwanz von hinten. Lassen Sie Ihr Kind der Maus die Pupille mit einem schwarzen Filzstift aufmalen.
Und schon geht die Mäusejagd los!

TIPP:
Wie wäre es mit noch einer bunten Maus, damit die Maus nicht so einsam ist? Sie hätte bestimmt gerne einen Freund oder eine Freundin wie du auch!

Motivhöhe ca. 19 cm

Obstschale

Das Kind kann die Linien auf die Banane malen und die Stiele von Apfel und Birne mit einem schwarzen Filzstift ausmalen.

Danach werden die Birne, der Apfel und die Banane von hinten an der Obstschale fixiert.

Motivhöhe ca. 31 cm

apfel mit wurm

Setzen Sie den Apfel aus den vier Teilen mit Klebstoff zusammen. Lassen Sie Ihr Kind dem Wurm ein Gesicht und die Linien wie auf dem Vorlagenbogen mit einem schwarzen Filzstift aufmalen.

Und dann wird der Wurm auf den Apfel gesetzt, damit er sich satt fressen kann.

Motivhöhe ca. 26 cm

Pilz

Der Pilzhut wird von vorne auf den Fuß gesetzt. Fixieren Sie die drei weißen Punkte auf dem Pilz.

Motivhöhe ca. 27,5 cm

Mond und Sterne

Fixieren Sie das schwarze Auge auf dem Mond. Die ausgeschnittenen Sterne werden um den Mond herum am Fenster befestigt.

Motivhöhe
Mond ca. 24,5 cm

TIPP:
Schneiden Sie viele Sterne aus und verzaubern Sie Ihr Fenster in einen richtigen Sternenhimmel!

Adventszweig

Zuerst wird der Docht mit einem schwarzen Filzstift auf die Flamme gemalt. Kleben Sie die Flammen von hinten an die Kerzen und fixieren Sie beide Kerzen auf dem Adventszweig.

TIPP:

Sie können zum ersten Advent mit Ihrem Kind nur eine Kerze auf dem Adventszweig platzieren und jede weitere Woche eine Kerze basteln und aufkleben. So lernt das Kind die Adventszeit und das Warten auf das Christkind kennen.

Motivhöhe ca. 23,5 cm

Weihnachtsbaum

Die Tannenbaumspitze wird mit dem Stern verziert und die roten Kugeln werden mit Klebstoff auf dem Baum fixiert. Dann können das Christkind und der Weihnachtsmann bald kommen!

Motivhöhe ca. 37 cm

Schneemann

Motivhöhe ca. 29,5 cm

Beachten Sie, dass der Besen an den durchgezogenen Linien eingeschnitten werden muss. Setzen Sie dem Schneemann den Hut auf den Kopf und kleben Sie die Nase auf. Nun kann Ihr Kind die Augen, den Mund und die schwarzen Punkte wie auf dem Vorlagenbogen mit einem schwarzen Filzstift aufmalen.
Zum Schluss wird der Besen am Schneemannkörper platziert.